Mi Pequeño libro de Oraciones

Ilustrado por
Stephanie McFetridge Britt

Compilado por Brenda C. Ward

GRUPO NELSON
Una división de Thomas Nelson Publishers
Desde 1798

NASHVILLE DALLAS MÉXICO DF. RÍO DE JANEIRO BEIJING

© 2008 por Grupo Nelson
© 1993 por Editorial Caribe
Publicado en Nashville, Tennessee,
Estados Unidos de América.
Grupo Nelson, Inc. es una subsidiaria que
pertenece completamente a Thomas Nelson, Inc.
Grupo Nelson es una marca registrada
de Thomas Nelson, Inc.
www.gruponelson.com

Reservados todos los derechos.
Prohibida la reproducción total o parcial
de esta obra sin la debida autorización de los editores.

© Ilustraciones por *Stephanie McFetridge Britt*
Historias relatadas por *Mary Hollingsworth*
Traducido por Piedra Angular Comunicaciones, S.A. de C.V., con la colaboración especial de *Saraí León-Patiño, David Coyotl, Mary Ruiz* y *Jacob Hernández*

ISBN: 978-0-88113-590-9

Impreso en Estados Unidos de América

08 09 10 11 12 HCI 7 6 5 4 3 2

CONTENIDO:

Mi día	9
Mi hora de comer	21
Mi hora de dormir	31
Mi familia y amigos	41
Mis cosas favoritas	53
Mis sentimientos	63
Mis días especiales	75
Mi tiempo con Dios	85

Jehová es la porción de mi herencia y de mi copa; tú sustentas mi suerte.

Salmo 16.5

MI DÍA

Día tras día, amado Señor, tres cosas pido de ti:
Que pueda verte con mayor claridad,
Que pueda amarte cada vez más,
Que pueda seguirte más de cerca,
Día tras día.

San Ricardo de Chichester

Oh Dios, eres mi Dios,
Y siempre te alabaré.
Te buscaré cada mañana,
Y aprenderé a andar en tus caminos.
Me guiarás en cada paso que dé,
Y te seguiré por el resto de mi vida.

Rich Mullins

Por esta nueva mañana con su
   luz,
Por el descanso y el abrigo que
   nos das de noche,
Por la salud y los alimentos,
Por el amor y los amigos,
Por cada don que tu bondad
   despliega,
Te damos gracias, Señor de
   gracia.
Amén.

Tradiciona

Todo, por ti, amado Dios.
Todo lo que haga,
O piense,
O diga,
Todo el día.
Ayúdame a ser bueno.

Autor desconocido

Cada vez que llueva,
   No debemos preocuparnos.
Cuando haga frío,
   Insultar, no debemos.
Cuando haga calor,
   No debemos reñir...
Todos, gracias demos,
   Sin importar el tiempo.

Autor desconocido

El que da alimento a todo ser viviente, porque para siempre es su misericordia.

Salmo 136.25

MI HORA DE COMER

Dios es grande,
 Dios es bueno.
Démosle gracias,
 Por nuestro alimento.

Tradicional

¡Gracias por el mundo encantador,
   Gracias por los alimentos que comemos,
Gracias por los pájaros que cantan,
   Gracias, Dios, por todo!

E. Ruther Leatham

El Señor es bueno conmigo,
   y por eso le doy gracias.
Por darme las cosas que necesito:
   ¡el sol, la lluvia y la dulce manzana!
El Señor es bueno conmigo.

Tradicional

Dios, te damos gracias por esta comida,
Por la cama, la casa
Y todo lo bueno;
Por el viento, la lluvia y el sol en el cielo,
Pero, sobre todo, por los que queremos.

Maryleona Frost

En paz me acostaré, y asimismo dormiré; porque solo tú, Jehová, me haces vivir confiado.

Salmo 4.8

MI HORA DE DORMIR

Ahora me acuesto a dormir.
Te ruego, Señor, que mi alma guardes.
Tu amor me cubra toda la noche.
Y despiértame con la luz matinal.

Tradiciona

Señor, protégenos esta noche,
Líbranos de todos nuestros temores,
Que ángeles nos protejan mientras dormimos,
Hasta que salga la luz matinal.

Tradicional

Señor, nos acostaremos
  después de alabarte.
Cúbrenos con tus brazos toda
  la noche,
Restaura nuestras fuerzas
  para las faenas del día.
¡Aleluya por el día!
¡Bendiciones por la noche!

Oración de un pescador ghanés

Padre, te damos gracias por la noche,
Y por la agradable luz matinal,
Por el descanso, la comida, el amor tierno,
Y por todo lo que produce la hermosura del día.

Ayúdanos a cumplir con nuestros deberes,
A ser buenos y amables con los demás;
Y en todo lo que hacemos y decimos,
Ser más amorosos cada día.

Autor desconocido

Hijos, obedeced en el Señor a vuestros padres, porque esto es justo.

Efesios 6.1

Mi familia y amigos

Dios bendiga a los que amo,
Dios bendiga a quienes me aman.
Dios bendiga a quienes aman a los que amo, y a quienes aman a los que me aman.

Catador de Nueva Inglaterra

Gracias por mis padres, Señor,
y por todos los buenos ratos que
juntos hemos pasado.
No hay momento que atesore más
como el que paso con mamá y
papá.

Ayúdame, Señor, a tener siempre
presente, las tantas maneras que
ellos me quieren.
Por los juguetes, las golosinas y los
abrasos apretados
y por estar siempre a mi lado;

Cuando ya sea adulta, quiero ser
como mis padres, también.
Porque me hacen sentir tan especial
y me aman tal como Tú.

Beth Burt

Que el camino te conduzca a tu destino,
Que el viento siempre esté a tu espalda,
Que el sol brille suavemente en tu cara,
Que la lluvia caiga suavemente en tus campos;
Y hasta que nos volvamos a ver de nuevo,
Que Dios te sostenga en la palma de su mano.

Tradicional, irlandés

Amado Señor,
Gracias por mis abuelos.
Siempre tienen tiempo para
  leerme o jugar conmigo.
Les gusta hacerme cosquillas,
  jugar y reír.
Y les gustan los helados e ir al
  parque también.
Pero sobre todo, Dios, me
  quieren mucho.
Por favor, cuídalos, Señor.
Creo que deben ser muy
  parecidos a Ti.

Anónimo

Nuestra familia es grande, y pequeña nuestra casa;
Estamos apretados cual sardinas en lata.
Pero, Padre, hay un amor profundo que con alegría compartimos.
Amo a mami y a papi, también;
Me protegen cada día.
Pero gracias por mis hermanos y mis hermanas, Señor;
Tienen más tiempo para jugar.

Mary Hollingsworth

**Jehová es mi pastor;
nada me faltará.**

Salmo 23.1

MIS COSAS FAVORITAS

Por favor, dame lo que necesito, amado Señor, si a ti te place.
Pero si piensas que no me conviene, ayúdame a vivir sin ello.

Tradicional

Padre amado, escucha y bendice
   estos animalitos salvajes
   y a estos pajaritos que cantan.
   Y protege tiernamente a las criaturitas indefensas.

Autor desconocido

Un enorme elefante gris,
Una abejilla amarilla,
Una pequeña flor violeta,
Un gigantesco árbol verde,
Un bote de vela rojo y blanco
En medio de un mar azulado:
Todas estas cosas me diste,
Cuando hiciste
mis ojos para que pudiera ver.
Gracias, Dios.

*Sociedad Nacional
para la Prevención
de la Ceguera, Inc.*

Si yo fuera una mariposa
te agradecería, Señor, por
darme alas;
Y si fuera un petirrojo posado
en un árbol,
te agradecería, Señor, por poder
cantar;
y si fuera un pez en el mar,
menearía mi cola y me reiría de
júbilo;
pero, sobre todo, quiero
agradecerte, Padre,
por haberme creado tal como
soy.

Brian Howard

**En el día que temo,
yo en ti confío.**

Salmo 56.3

MIS SENTIMIENTOS

Amado Señor,
Gracias por la fortaleza
que en ocasiones experimento,
ayúdame en los momentos de debilidad;
Gracias por la sabiduría
que en ocasiones experimento,
ayúdame en los momentos de insensatez;
Gracias por lo bien
que en ocasiones me comporto;
perdóname por los instantes que te he fallado;
y enséñame a servirte, al igual que al mundo que creaste,
con amor, fe y verdad,
con esperanza, gracia y buen humor. Amén.

Una oración de la parroquia de Swaledale

¡Soy tan feliz, Jesús!
Soy feliz cuando río con mis
   amigos,
   o juego con un perrito.
Soy feliz cuando como helados,
   o escucho algún cuento.
Soy feliz cuando alguien
   dice: «te amo».
¡Señor, soy feliz porque
   te pertenezco!
¡Es la razón principal por la que
   soy feliz!

Sheryl Crawford

Amado Dios,
mi amiguita se va a mudar y estoy tan triste.
Nos hemos divertido tanto juntos,
y no quiero que se mude.
Ayúdala, por favor, a encontrar nuevos amigos dondequiera que vaya, para que nunca esté sola.
Y ayúdame, también, a conocer nuevos amigos.
Gracias, Jesús, por ser mi mejor amigo.

Anónim

Amado Dios, sé bueno
conmigo.
El mar es tan ancho,
y mi bote es tan pequeño.

Oración del pescador de Breton

Jesús, alguien que quiero mucho
  está en tu presencia ahora.
Estoy muy triste porque esa
  persona no está aquí.
A veces lloro. . . para que huya la
  tristeza.
Señor, tú dices que quienes han
  partido
para estar contigo están felices.
En el cielo, hay ángeles, amigos y
  familiares.
Jesús, por favor ayúdame a
  recordar
que algún día estaremos juntos
  otra vez
con nuestros seres queridos. . .
¡Y viviremos para siempre
  contigo en el cielo!

Sheryl Crawford

Este es el día que hizo Jehová; nos gozaremos y alegraremos en él.
Salmo 118.24

MIS DÍAS ESPECIALES

MI CUMPLEAÑOS

¡Amado Señor, estoy feliz hoy porque es MI CUMPLEAÑOS!
Nací en un día como hoy.
Fue un día fantástico para mi familia, el cual nunca podrán olvidar.
Gracias por las cosas que me divierten, tales como el bizcocho y las velas, la familia y los amigos, y los regalos y las tarjetas de cumpleaños.
¡Pero sobre todo, Señor, gracias por darme la vida!

Sheryl Crawford

NAVIDAD

¿Qué puedo darle,
si soy tan pobre?
Si fuera un pastor,
un cordero le daría.
Si fuera un rey mago,
mi parte haría.
¿Pero qué puedo darle?
Todo mi corazón.

Christina G. Rossetti

NAVIDAD

Allá en el pesebre, do nace Jesús,
la cuna de paja nos vierte gran luz;
Estrellas lejanas del cielo al mirar
se inclinan gozosas su lumbre a prestar.

Extraño bullicio despierta al Señor
mas no llora el niño, pues es puro amor;
¡Oh, vélanos Cristo Jesús, sin cesar!
y así bien felices siempre hemos de estar.

Martín Lutero

EL DÍA DE RESURECCIÓN

¡Él es Señor!
¡Él es Señor!
¡Resucitó de entre los muertos
y Él es Señor!
Que toda rodilla se doble;
Y toda lengua confiese,
Que Jesucristo es Señor.

Tradicional

Jehová oirá cuando yo a Él clamare.

Salmo 4.3(b)

MI TIEMPO CON DIOS

Dos ojitos para mirar a Dios;
Dos orejitas para escuchar su palabra;
Dos piesitos para andar en su senda;
Dos pequeños labios para cantarle alabanzas;
Dos manitas para hacer su voluntad;
Y un corazoncito para amarle sin fin.

Tradicional

Todo lo que brilla, todo lo hermoso,
Todas las criaturas, pequeñas y grandes,
Todas las cosas que emanan sabiduría y hermosura,
El Señor las hizo todas.

Él nos dio ojos para que las miremos,
y labios para que podamos hablar,
¡Cuan grande es Dios Todopoderoso,
que ha creado todo tan especial

Carl Frances Alexande

Que esté Dios presente en mi cabeza
Y en mi entendimiento.
Que esté Dios en mis ojos
Y en lo que miro.
Que esté Dios en mi boca
Y en lo que digo.
Que esté Dios en mi corazón
Y en lo que pienso.

Autor desconocido

LA ORACIÓN MODELO

Padre nuestro que estás en los cielos, Santificado sea tu nombre.

Venga tu reino. Hágase tu voluntad, como en el cielo, así también en la tierra.

El pan nuestro de cada día, dánoslo hoy.

Y perdónanos nuestras deudas, como también nosotros perdonamos a nuestros deudores.

Y no nos metas en tentación, mas líbranos del mal; porque tuyo es el reino,

y el poder, y la gloria, por todos los siglos. Amén.

Mateo 6.9-1